EL VAIXELL DE VAPOR

Bestieses i animalades

Elena O'Callaghan i Duch

Il·lustracions de Roser Capdevila

cruïlla

A la bona gent de la Cerdanya

Primera edició: gener de 1988
Tretzena edició: octubre de 2008

Direcció literària: Montse Ingla Mas

Balmes, 245 - 08006 Barcelona
editorial@cruilla.co

Comercialitza: CESMA, SA

ISBN: 978-84-7629-220-4
DL: M-47.629-2008
Imprès a Espanya / *Printed in Spain*
Impremta Gohegraf Industrias Gráficas, S.L.

1 *Ell, ella i la mixeta*

AIXÒ SUCCEÍ a la Cerdanya, no fa pas gaire temps, tal com us ho conto.

Heus ací que la senyora Montserrat i el senyor Climent es guanyaven la vida amb un establiment de vins i licors que tenien situat en un dels carrers més cèntrics de Puigcerdà. ¿No heu estat mai a Puigcerdà?

Puigcerdà és... Però no. No us explicaré pas com és Puigcerdà. Aneu-hi i vosaltres mateixos jutjareu. Però si hi aneu, no deixeu de visitar la botiga de vins i licors. I si trobeu allà el senyor Climent o la senyora Montserrat, pregunteu-los si saben alguna cosa d'un *petit chien.* No ha passat gaire temps i segur que se'n recordaran i us ho explicaran.

Petit chien vol dir, en francès, «gos petit». I és que Puigcerdà és tocant a França. Per això, quasi tots els seus habitants, especialment els que tenen botigues i comerços, parlen, a més del català, el francès.

El senyor Climent i la senyora Montserrat tenen gairebé sempre plena la botiga, perquè, a part d'estar ben situada, es pot dir que tots dos posseeixen allò que se'n diu simpatia comercial. Un somriure oportú, una salutació cordial, una bona paraula i, sobretot, la rapidesa a atendre el públic fan que tots els clients –els de sempre i els passavolants– marxin d'allà satisfets i, com a mínim, amb una ampolla sota el braç per animar el dinar o el sopar del dia.

A més de vins i licors, a la botiga s'hi poden trobar tota mena de refrescos i caves. Des de les marques més corrents i conegudes fins a les més bones i rebuscades. També alguna cosa de menjar, però d'aquell que no es fa malbé: llaunes, pots de conserves i d'altres aliments que permeten preparar un dinar o un sopar d'emergència quan no s'ha tingut temps d'anar a la carnisseria o a la xarcuteria a comprar fresc.

Es pot dir també que un altre dels al·licients que té la botiga és la gata. Una enorme i bonifàcia gata negra que passa el dia vagant mandrosament d'una banda a l'altra de la tenda: per sota el taulell, entre les caixes d'ampolles, damunt les bótes de vi...

Però un dels llocs on li agrada més estar-se és damunt de les caixes que hi ha

arraconades a la paret, perquè sempre hi troba algun client que li acarona el llom o que li grata el clatell. I quan ja n'està tipa, de manyagueries, marxa cap a darrera del taulell, on, d'un salt, s'instal·la damunt d'una enorme bóta de vi. Des d'allà, resulta inabastable per al públic i controla tots els moviments humans de la botiga. Aleshores, està tan quieta que sembla una figura de porcellana. Per això, algun client ha preguntat més d'una vegada:

–És de veritat aquest gat?

I la senyora Montserrat sempre respon el mateix:

–I tant que ho és! Mixetaaa!

Però la mixeta ni cas. Com si no anés per a ella. No abandona el seu elegant posat per tan poca cosa. Alguna vegada, com a fet extraordinari, s'ha molestat a obrir una mica més els ulls per tornar-los a aclucar immediatament en veure que el que li ofereixen no té cap interès per a ella.

2 *El buldog i la mixeta*

I VET AQUÍ que un bon dia d'estiu, a l'hora en què els carrers s'acostumen a omplir de gent, perquè el sol ja no cau tan aplomat, va entrar a la botiga de vins i licors un senyor francès amb un enorme gos buldog.

Us asseguro que, si els haguéssiu vist no hauríeu sabut dir qui dels dos tenia més cara de pomes agres, si el gos o l'amo.

Així que van entrar, la gata, des del seu lloc de vigilància (o sigui des de la bóta), ja va notar alguna cosa estranya. Va aixecar el cap, va obrir molt els ulls i va dreçar les orelles. Però no va moure ni un pèl.

Segurament la cosa no hauria passat d'aquí si al buldog no se li hagués ocorregut d'organitzar tant escàndol per un gat. Sense que l'amo ho pogués evitar, s'escapà cap a l'altra banda del taulell bordant i grunyint. En pocs segons es va armar un sarau tan considerable que no vulgueu saber. I l'endemà en parlarien tots els veïns.

–*Tiens! Viens ici!*[1] –cridava el francès, esverat.

Però el buldog no tenia la més mínima intenció de fer-ho.

–Surt d'aquí! –li cridava la senyora Montserrat.

I el senyor Climent intentava agafar-lo pel collar i arrosegar-lo cap enfora. Però no hi va haver manera. Els clients que hi havia en aquell moment s'ho estaven passant d'allò més bé.

Mentrestant, la mixeta ja s'havia començat a interessar per la qüestió: sense abandonar el seu lloc de vigilància, estava ara dreta, tota ella crispada. I des d'allà, completament immòbil encara, observava fixament el gos, tot esperant que fes un moviment en fals. I el ca el va fer: va aixecar les potes del davant amenaçadorament, com si volgués pujar al refugi de la gata. Allò va ser definitiu per a ella, que ho va interpretar com una descarada provocació per part del gos. Desafiar-la, a ella? Què s'havia cregut? Va fer una llarga i sonora bufada que va alertar tots els clients. Amb una ràpida i precisa revolada, saltà damunt del buldog i se li arrapà al clatell.

[1] *Tiens! Viens ici!:* Té! Vine aquí.

Ningú no s'atrevia a acostar-s'hi. Ara ja no ho trobaven tan divertit. El gos no feia altra cosa que donar voltes sobre ell mateix sense parar de bordar. Tothom cridava que els separessin, però ningú no gosava fer-ho. El francès estava completament alterat:

–*Mon Dieu, mon Dieu! Arrêtez-la, arrêtez-la!*[1] *Tggraieu aquesta bèstia de sobggre el meu petit chien! Mon petit chien!*[2]

Però el cas era que ell tampoc no s'atrevia a acostar-s'hi.

El pobre gos estava tan atabalat, entre el gat al clatell i els crits de la gent, que aneu a saber què devia pensar! I no se li va ocórrer altra cosa que sortir de la botiga i arrencar a córrer carrer avall. En la seva boja i frenètica cursa, va envestir i es va carregar una paradeta de cistells que l'amo d'una cistelleria havia preparat acuradament a l'entrada de la seva botiga com a reclam per als possibles clients.

De resultes d'aquella ensopegada, el buldog va continuar carrer avall amb un cistellet de vímet penjat al coll. A més, com a conseqüència de l'impacte, la gata havia anat a parar, del clatell, al llom del gos.

[1] *Mon Dieu, mon Dieu! Arrêtez-la, arrêtez-la:* Déu meu, Déu meu! Atureu-la, atureu-la.
[2] *Mon petit chien!*: El meu gosset!

VINS I

Els vianants no creien el que veien. Alguns ni tan sols ho van veure, perquè la velocitat del buldog era digna de ral·li. Les cares i els comentaris dels que se'n van adonar anaven des de la sorpresa fins a la indignació.

–M'ha robat un cistell! M'ha robat un cistell! –cridava l'amo de la cistelleria, mentre intentava recompondre la parada.

–Que li han robat? Qui? –preguntà un que passava per allà i que no havia tingut temps de veure res.

–No ho sé, però tenia cara de buldog. Crideu la policia. Lladre! Lladre! Agafeu el lladre! M'ha robat un cistell. M'ha desmuntat la parada! Policia!

–Atureu el de la cara de buldog! Lladre!

El crit de «lladre!» s'anà estenent carrer avall.

–Què diu?

–Que hi ha lladres!

–Que han robat el cisteller! I han cridat la policia.

–Guaiteu aquell gos que corre tant! Deu ser un gos de la policia.

–Carai! Ara els de la policia tenen buldogs...

I una mica més avall:

–Mira, mamà! –assenyalava un nen–. Un gat muntant a cavall!

–Què dius, nen! Però si els gats no munten a cavall.

–És veritat. Tens raó. Era un gat muntant un gos.

I la mare, que era dels que no havien vist res, es mig empipà:

–Au, anem i no diguis més bajanades.

–Que sí, que sí. I duia regnes i tot!

–Sí, home –s'empipà definitivament la mare–. I per allà va un elefant amb bambes!

I el nen també s'empipà. N'estava ben segur, del que havia vist. Sí senyor: un gat muntant a cavall un gos i agafat a les regnes. Però tenia por que, si tornava a insistir, la seva mare no es pensés que li prenia el pèl. Aquell dia la mare no estava de gaire bon humor, precisament; i per això va decidir no dir res més.

I, empaitant el ca, també corrien carrer avall el senyor Climent i la senyora Montserrat, seguits de la corrua de clients, al final de la qual, tot desmànegat, anava el francès esbufegant, que ja no podia dir fava, però encara tenia forces per cridar:

–Oh là là! Oh là là, mon petit chien! Quina desgggràcia més catastggròfica! Pobggret, mon petit chien!

A la fi (ningú no va saber ben bé què li va fer prendre aquesta decisió), la gata va «descavalcar» d'un salt. I tal com va caure, al mateix lloc, es va quedar palplantada com un estaquirot. El buldog, en veure's lliure d'aquell malson, va frenar tan bruscament, que va fer una tombarella i va anar a parar pocs metres més avall de la gata, encarat a ella. I quan la va veure, allà, encara com un estaquirot i mirant-se'l amb posat desafiant, el gos va entendre que havia arribat la seva oportunitat.

Llavors va començar la persecució a l'inrevés: els cinc carrers que havien creuat cap avall, ara els feien cap amunt.

–Cap amunt! Cap amunt! –avisava el senyor Climent als que el seguien.

Va girar en rodó i va ensopegar amb dos que portava al darrera, enganxats als seus talons. Cridà nerviós al primer:

–Aparti's home! Que no veu que han anat cap amunt?

–Cap amunt? Que han anat cap amunt! –avisava al següent de la cua.

I així anaven xocant els uns contra els altres, mentre el buldog continuava empaitant el gat carrer amunt.

–Mira, mamà! –deia en Pere, el mateix nen d'abans, que no es va poder aguantar–. Un gos corrent amb un cistellet penjat al coll.

I la mateixa mare d'abans, més empipada que abans, va clavar un bolet al seu fill:

–Té, això perquè aprenguis a no dir més ximpleries.

Quan tot just acabava de dir-ho, rebé la forta empenta d'un senyor que corria esperitat cap amunt.

–Déu del cel! –exclamà la senyora–. A veure si mira per on va!

I novament rebé una trompada, i després una altra, i una altra...

–Però... Però, què passa? Que s'han tornat tots bojos o què? Pereee! Anem a casa, de pressa!

I en Pere no feia més que girar el cap com si estigués veient un partit de tennis: ara a la dreta, ara a l'esquerra.

–Que no em sents? Vinga, que marxem cap a casa! Aquí ens aixafaran! Què hi fas, aquí al mig, parat? Mou-te!

Però en Pere no es movia. Estava pensant. On havia vist, ell, aquell gat? Li sonava molt. Del barri? No, no... Potser d'alguna botiga... I d'una revolada es va sentir estirat cap a l'altra banda del carrer.

–No, si ja et dic jo que avui estàs adormit!

–És que... és que... em sembla que el conec.

–Calla i camina. Què has de conèixer, tu! Cap a casa! No sé què passa avui en aquest carrer, però no m'agrada gens ni mica. Anem!

I girant pel primer carrer a l'esquerra, mare i fill van desaparèixer.

Mentrestant, el gos continuava la seva empaitada, absolutament ignorant de la processó que duia al darrera. I quan ja tots els perseguidors s'havien adonat que la cursa havia canviat de sentit, el francès encara corria carrer avall lamentant-se de les seves desgràcies...

–*C'est terrible! Mon petit chien! Où est-il?*[1]

...fins que va entrebancar amb el seu *petit chien*, que anava a tota velocitat en sentit contrari. Estava tan esverat que no va reconèixer ni el seu propi gos:

–*Sugggrt del mig, gos fastigós i sagggrnós! Mon petit chien, on és mon petit chien?*

I quan es va adonar que aquell gos amb què havia ensopegat era, precisament, el seu *petit chien,* el buldog ja era tan amunt que no el va poder abastar ni amb la vista. Per això, trist, plorós i derrotat, va decidir de tornar-se'n a la botiga de vins i licors a preguntar si algú en sabia alguna cosa.

I allà eren tots, ben acalorats i comentant la jugada. Semblaven una gran família: el senyor Climent, la senyora Montserrat, tots els clients que hi havia abans i,

[1] *C'est terrible! Mon petit chien! Où est-il?:* És terrible! El meu gosset! On és?

fins i tot, els curiosos de torn i els voluntaris que, carrer avall (d'anada) o carrer amunt (de tornada), s'havien ofert a col·laborar en la captura.

El senyor Climent havia tret el que ell en deia «la bóta de les emergències» i havia convidat a tothom. Naturalment, també hi era el buldog. Algú havia aconseguit lligar-lo amb la corretja a una pota del taulell. En la seva persecució havia tornat al punt de partida sense poder atrapar la gata, que havia desaparegut misteriosament entre les nombroses caixes d'ampolles de la rebotiga.

Quan el francès va entrar a la botiga amb aquella pinta, es féu un silenci sepulcral. Tothom el mirava. Tothom estava a l'aguait. Què faria? Renyaria el gos? ¿Es discutiria amb el senyor Climent i la senyora Montserrat? Però el francès no va fer ni una cosa ni l'altra. Quan va veure el seu estimat gos allà, va respirar alleugerit i va dir-li tendrament:

–*Viens ici, mon petit chien, avec ton père.*[1]

I, sense intercanviar cap paraula amb ningú dels que eren allà, va deslligar pacientment la corretja i, davant l'estranyesa

[1] *Viens ici, mon petit chien, avec ton père:* Vine aquí, gosset meu, amb el teu pare.

general, va fer mitja volta i va sortir de la botiga.

La primera a reaccionar fou la senyora Montserrat, que va dir gairebé ofesa:

–Així que ha entrat per primera vegada, ja ho he dit, jo, que aquest no compraria res. Ja se li veia!

3 *En Pere i la mixeta*

EL SENYOR CLIMENT i la senyora Montserrat aviat haurien oblidat l'afer del gos i de la seva gata si no hagués estat perquè dues visites, quasi seguides, els ho van impedir.

La primera visita es presentà tres dies més tard, quan encara els botiguers del carrer comentaven l'espectacularitat de la persecució. Un nen, d'uns set anys i d'aspecte tímid, va entrar a la botiga de vins i licors:

–Qui és l'últim? –va preguntar, tal com li havien ensenyat a casa cada vegada que anava a comprar.

Va esperar pacientment que li toqués el torn. I mentre esperava, es distreia mirant totes les coses que hi havia a la botiga. No li agradava gaire que els pares l'enviessin a comprar. Trobava molt avorrit això de demanar tanda i haver-se d'esperar estona i estona abans de ser despatxat. A més, trobava que a les botigues la gent parlava massa i això feia que encara s'hagués d'esperar més. I per distreure's durant aquestes estones inacabables, s'havia inventat el que ell en deia el «joc de les olors». I és que havia descobert que cada botiga tenia una olor característica i diferent de les altres. Així, quan anava, per exemple, al forn, s'entretenia ensumant aquella olor de farina pastada que tant li agradava. El mateix feia quan anava a la xarcuteria, a la pastisseria, a la llibreria, a l'estanc... I a tot arreu intentava esbrinar quins eren els productes que provocaven aquella olor tan pròpia de cada lloc i que s'esvaïa en arribar a casa: la farina, el sucre, el paper, els fumats...

I aquella botiga de vins i licors també tenia una olor molt pròpia que al nen li agradava. Però no li semblava que fos ben bé d'alcohol sinó...

–Que qui és l'última? –va sentir que demanava una senyora que acabava d'entrar.

S'havia distret tant amb allò de les olors, que no havia sentit la pregunta fins la tercera vegada. I com que tothom el mirava, va pensar que, efectivament, era ell «l'última».

–Jo sóc l'últim –respongué tímidament.

–I per què no ho has dit abans, nen? Fa estona que ho pregunto.

El nen es moria de vergonya. Tota la gent que hi havia a la botiga el mirava. I com que, casualment, tot eren senyores, se li va ocórrer de contestar molt baixet:

–Com que vostè ha preguntat qui era «l'última».... Doncs jo... Jo sóc l'últim, senyora, no l'última.

La senyora Montserrat, que havia seguit, divertida, la conversa, mentre despatxava, reconegué el nen:

–Hola, Pere! Què hi ha de nou? T'envia la mare, oi? –i afegí dirigint-se a la clienta que acabava d'entrar–: Té raó, el noi. Ell era l'últim, no l'última.

La clienta també va riure.

–Mai no se m'hauria ocorregut! És el costum. A partir d'ara sempre preguntaré: qui és l'últim? Et sembla bé, nen?

I en Pere, amb un mig somriure i vermell fins a les orelles, només va saber fer que sí amb el cap. Va desitjar que se n'oblidessin, d'ell, ja que ho estava passant malament. I se'n van oblidar, perquè van començar a parlar que els costums havien canviat, que ara els homes anaven a comprar tant o més que les dones, que...

En Pere tornà als seus pensaments anteriors. Anava resseguint amb la mirada tots els objectes de la botiga. Què era el que produïa aquella olor? Potser la bóta. Que grossa, la bóta! Quasi arribava fins al sostre. I allà dalt...? Què hi havia? Un gat. Un gat? El gaaat! I s'oblidà de les olors. Coneixia aquell gat.

És clar que el coneixia! Per fi ho havia trobat! Aquell gat, enorme, negre, inconfusible, era el que havia vist l'altre dia al carrer, cavalcant damunt d'un buldog. Ara, la seva mare l'havia de creure. Sí, ell havia vist amb els seus propis ulls un gat muntant a cavall un buldog. Per estrany que semblés, era veritat. Per tant, no s'ho havia imaginat, com deia ella. Era allà. Era el gat, el mateix gat que tantes vegades havia vist a la botiga de vins i licors i que el dia de la persecució no va saber reconèixer (és que va passar tan de pressa...!). La mare li hauria de donar la raò. En Pere estava tan emocionat amb el seu descobriment, que no va sentir:

–Pere! Què voldràs?

Era la senyora Montserrat, que preguntava per segona vegada.

–Ah! Sí, sí –respongué com si vingués de la lluna–. La mare m'ha dit que m'omplin, per favor, aquesta garrafa de vi. Del que vostès ja saben, m'ha dit.

La senyora Montserrat li digué:

– Mira, t'hauràs d'esperar un moment que acabem d'omplir aquesta altra.

En Pere mirà amb resignació. Sota l'aixeta de la bóta hi havia una gran garrafota que s'anava omplint lentament. No tindria més remei que esperar. En aquell moment, en Pere va notar alguna cosa estranya a les seves cames. Era la gata, que s'anava refregant el cap entre els camals dels seus pantalons. Li acaronà una estona el clatell i, fent un gran esforç per superar la seva vergonya, s'atreví a preguntar a la senyora Montserrat:

–A més del gat, ¿que tenen un gos, vostès? És que l'altre dia, pel carrer, em va semblar veure aquest gat anant a sobre de...

La senyora Montserrat, sense deixar de despatxar, no tingué més remei que explicar-ho altra vegada. El nen escoltava embadalit mentre gratava el clatell de la gata. Quan ella va haver acabat la contalla, la gata desaparegué cap a dintre.

«Sembla que hagi esperat a sentir-ho tot», pensà en Pere, «és clar, com que ella és la protagonista de la història..., li fa gràcia de sentir-la».

–Au, Pere! –féu la senyora Montserrat, col·locant la garrafa sota l'aixeta–. El teu torn. Ara te l'omplirem i ja podràs marxar.

Ja no quedava ningú més a la botiga i aquella garrafa semblava que no acabava d'omplir-se mai.

4 *La francesa i la mixeta*

I JA EM TENÍEU en Pere esperant que s'acabés d'omplir la garrafa quan entrà a la botiga una senyora baixeta, una mica grassoneta i amb els llavis excessivament pintats:

–*Bonjour, madame*[1] –digué a la senyora Montserrat, tota decidida i sense parar atenció al nen.

–Vostè dirà... –respongué la senyora Montserrat.

–*No em coneix, oi? Rrrecorrrda que l'altrre dia va venirr un senyorrr amb un chien buldog?*

I tant, que ho recordava la senyora Montserrat. I de seguida va pensar que aquella francesa venia a fer alguna reclamació. Qui sap si el gos havia agafat algun mal de resultes de les esgarrapades de la

[1] *Bonjour, madame:* Bon dia, senyora.

mixeta. La senyora Montserrat no sabia ben bé quina cara fer ni què respondre:

–Un gos buldog? Mmmm... Deixi'm pensar. Doncs... ara que ho diu... potser sí que en va venir un, de gos buldog.

–*Ah, parfait!*[1] –es va alegrar la francesa, tot encaixant-li la mà–. *Enchantée,*[2] *madame. Jo sóc l'esposa d'aquell senyorr.*

«Ui, ui!», va pensar en Pere, «això es torna interessant». I aleshores va desitjar que la garrafa no s'acabés encara d'omplir.

La senyora Montserrat estava ben estranyada de la cordialitat de la francesa. Si venia a passar comptes, ¿com era que es mostrava tan afable i simpàtica? No ho acabava d'entendre. A més, recordava amb un cert recel com el seu marit havia marxat de la botiga sense dir res i, això, ho havia interpretat com que el francès se n'anava completament enfadat. Alguna cosa no acabava de lligar. Mentre estava en aquestes cabòries, la francesa digué:

–*Madame, el meu marrit em va dirr que vostès tenien un gat prreciós, c'est vrai?*[3] *És gat o gata?*

La senyora Montserrat respongué bocabadada:

–És una gata.

[1] *Parfait:* perfecte.
[2] *Enchantée:* encantada.
[3] *C'est vrai:* És veritat?

–*Una gata? I quan crriarrà?* –s'interessà l'altra.

–Precisament, ara fa poc ha criat. Encara està alletant els petits, però...

La francesa no la deixà acabar:

–*Voilà!*[1] *Fantàstic! Quina casualitat, Madame, que els podrria veurre?*

La senyora Montserrat no comprenia res. Per què aquell interès pels gatets petits? Malgrat la seva bonesa natural, no se n'acabava de fiar, d'aquella francesa. «¿I si quan veu la gata me li fum un bon mastegot que me la deixa seca?», pensava. Mirà, interrogant, el seu marit. Què havia de fer? Però el senyor Climent, tan sorprès com ella, s'encongí d'espatlles, com volent dir: «Noia, fes el que vulguis». I ella, amb una certa recança, s'oferí a ensenyar-los-hi.

–Climent, vigila la garrafa que... Ai, Déu meu! Que vessa, que vessa!

En Pere ja havia vist que començava a vessar, però no va dir res per no perdre's aquella conversa tan interessant. Mentre el senyor Climent recollia el bassal de vi i netejava la garrafa, la senyora Montserrat féu passar la francesa a la rebotiga.

Allà hi havia la mixeta. Semblava que no hagués trencat mai cap plat. La imatge no podia ser més pacífica ni més familiar:

[1] *Voilà:* Fixa't (en aquesta frase).

la gata jeia a terra, envoltada dels seus petits, a qui donava mamar pacientment. I aquelles bestioletes, més que gatets, semblaven ratolins, de petitons que eren. Es pot dir que, del més negre de tots al més blanc, cobrien àmpliament tota la gamma de grisos.

–Oh, madame! Quina tendrresa! –féu la francesa, emocionada–. *C'est merveilleux. Voilà: la mère avec ses petits enfants.*[1]

I a la senyora Montserrat, que continuava senser tenir-les totes, se li acudí de dir, per si de cas:

–No s'hi acostés pas massa, que ara la mare la podria esgarrapar.

–Mais non, c'est pas possible![2] *A mi les bèsties m'estimen molt.*

I desafiant totes les lleis de la natura, s'acostà a la gata per gratar-li el clatell. La senyora Montserrat, en veure el gest, es va posar les mans al cap, tot esperant el pitjor. O la francesa estomacaria la gata, o la gata faria una cara nova a la francesa. Però, quina sorpresa! No va passar ni una cosa ni l'altra. La mixeta només féu un «mèèèu» que tant podria significar «deixa'm en pau» com «moltes gràcies pel detall»; i la francesa, satisfeta, digué:

[1] *C'est merveilleux. Voilà: la mère avec ses petits:* És meravellós. Heus ací la mare amb els seus menuts.
[2] *Mais non...:* I ara, què diu!

SAL

–Ho veu, madame? No ha passat rrres. Que bufons que són... I què en farrà, de tants gatets?

La senyora Montserrat, a qui havia sorprès molt la reacció de totes dues, respongué distretament, i per dir alguna cosa, que els repartiria entre alguns clients i coneguts que ja els estaven esperant.

–Miri senyora, precisament un d'aquests gatets és per al nen que hi ha aquí fora.

–Oh, oh, oh i oooh! –exclamà l'altra teatralment–. *Madame, perrr favorrr, senyorrra madame, madame senyorra, jo en vull un. Sí, un petit chat pour moi,*[1] *per a mi, madame.*

El seu to era tan suplicant que a la senyora Montserrat li va fer llàstima. Ja estava decidida a guardar-li'n un quan, de sobte, es recordà del gos.

–Però, escolti senyora –digué tota assenyada–. Si vostè té un gos! Un d'enorme, oi?

–No, madame. Un gos enorrrme, no. Un petit chien – va puntualitzar–. *A més, no cal que es prreocupi. El nostrre petit chien és un trros de pa. Serran molt amics, ja ho veurrà.*

La senyora Montserrat pensava en el buldog i no el recordava, precisament,

[1] *Un petit chat pour moi:* Un gatet per a mi.

com un *«trros de pa»* ni, menys encara, com un *«petit chien»*. A més, desprès de l'afer de dies enrera, li semblava impossible que aquell gos pogués fer-se amic no ja de qualsevol gat sinó de qualsevol altre ser vivent, ja fos animal, planta o persona.

Mentre tornaven totes dues a la botiga, la francesa no parava d'insistir. I la senyora Montserrat no parava de dir que no, que ja els tenia repartits i un d'ells se l'enduria en Pere. I arribaren justament quan en Pere estava pagant. La francesa se'l quedà mirant amb una mica d'enveja:

–*Ah, petit enfant! Quina sorrt que tens! I quin nom has escollit?*

En Pere, que no havia sentit ni una sola paraula del que havien dit a dins, no entenia res de res. Què li deia aquella senyora que no coneixia? A què venia allò del nom? El senyor Climent tampoc no ho acabava d'entendre. La senyora Montserrat veia que es començaria a embolicar la troca si no intervenia de seguida i salvava la situació. Però el nen se li avançà.

–Pere... –va dir, tot pensant que aquella senyora preguntava els noms d'una manera molt estranya.

–*Oh là là, que bonic! Perre. És un nom molt bonic perr a un gat.*

–Un gaaaat? –van preguntar al mateix temps en Pere i el senyor Climent.

Ara sí que va intervenir la senyora Montserrat:

–No, Pere, la senyora no t'estava preguntant el teu nom. Ella volia saber el nom que li posaràs al teu gatet, el que et regalaré jo, saps?

Però en Pere no en sabia res, és clar. Era la primera vegada que sentia que li volien regalar un gatet i es posà d'allò més content.

–Un gatet? Per a mi? ¿Que vostè em regalarà, a mi, un gat?

–És clar –dissimulà la senyora Montserrat–. Tal com havíem quedat! No te'n recordes?

Naturalment, en Pere no recordava res. Però li era igual. Allò del gatet li estava bé.

I la francesa no parava d'insistir. La senyora Montserrat, que ja n'estava tipa i recuita, de sentir-la, accedí a regalar-li'n un.

–*Merci, madame. No se'n penedirrà pas. Que em donarria una capseta perr posarr-lo a dins?*

Era clar que la francesa se'l volia emportar en aquell mateix moment, però la senyora Montserrat li preguntà si encara havien d'estar uns quants dies més a la Cerdanya ella i el seu marit.

–És que són molt petits encara –explicà– i convindria que continuessin vivint amb la mare el màxim de temps possible, sap? Si vol, l'últim dia que s'estiguin aquí, en el moment de marxar, el ve a buscar. Així ja el tindrà més crescudet.

–*Oui, madame. D'acorrrd. Vous êtes très gentille,*[1] *molt amable.*

La francesa va sortir de la botiga més contenta que un gos amb un os. I la senyora Montserrat, superats el desconcert i el recel inicials, també estava contenta perquè ja havia col·locat dos dels cinc gatets menuts, que, ben aviat, quan cresquessin una mica més, no sabria què fer-ne.

I en Pere també marxà content: sense saber per què, li regalarien un gatet. I quan arribà a casa, digué tot satisfet:

–M'ha caigut un gat del cel!

Ja us podeu figurar com es va posar la mare en sentir això. Primer, es va pensar que el seu fill tornava a dir bajanades. I, quan ho va entendre, es va enfadar molt perquè de cap manera no volia un gat a casa.

[1] *Oui, madame. [...] Vous êtes très gentille:* Sí, senyora. És molt amable

5 *El francès i la mixeta*

A PARTIR d'quell dia, les visites d'en Pere a la botiga de vins i licors foren molt més freqüents que abans. Li havia costat molt de convèncer la seva mare, que, a la fi, havia accedit a tenir el gat a casa, però sota una sèrie de condicions ben estrictes: en Pere seria el responsable que el gat no pugés als llits, a les cadires, als sofàs, etc. Tampoc no podia entrar a la cuina i, a més, havia de dormir a la terrassa.

–No oblidis –li havia dit el seu pare quan ell havia protestat– que és un animal i no una persona.

I en Pere no havia tingut més remei que conformar-se i acceptar aquelles condicions. Al cap d'uns dies, portaria el gatet a casa i... qui sap, potser els pares li acabarien agafant afecte i no li prohibirien tantes coses.

I si les visites d'en Pere a la botiga de

vins i licors eren freqüents, les de la francesa eren un veritable model de constància. Cada tarda, més o menys a la mateixa hora, la francesa entrava a la botiga a veure el «seu» gatet. Havia escollit el que s'assemblava més a la mare: un que era completament negre, llevat de la punta de les potes, que era blanca com el cotó fluix.

–*Mirri, madame* –li deia a la senyora Montserrat, completament emocionada–, *sembla que porrrti sabatilles blanques. Oh là là! Es farrà molt amic del nostrre petit chien.*

La senyora Montserrat continuava tenint els seus dubtes, però veia la francesa tan il·lusionada que li semblava que hauria estat una falta d'humanitat negar-li un dels gatets. La seva única preocupació era que la francesa fos capaç d'alimentar-lo bé. I és que a la senyora Montserrat li agradaven els animals, però reconeixia que, en el fons, donen una mica de feina si els vols tenir feliços i ben cuidats.

El senyor Climent, de mentalitat encara més pràctica que la seva dona i no tan sentimental, ho tenia claríssim: si tenien un animal a la botiga, no era per fer-lo feliç, sinó a l'inrevés: la gata, pensava el senyor Climent, els havia de fer feliços a ells, caçant els ratolins que, de tant en tant, venien a visitar-los sense haver estat convidats. Per això, cada vegada que la francesa feia algun comentari respecte a la futura amistat del gatet amb el buldog, pensava: «ja s'ho farà».

I així fou com, el dia abans de marxar, la francesa arribà a la mateixa hora de cada tarda a la botiga, i, casualment, en Pere era allà. La mare l'hi havia enviat a comprar dues ampolles de gasosa. En veure la francesa ja es va atabalar, però ella no li va fer cap cas.

Aquella tarda, venia acompanyada del seu marit. Només de veure'l entrar, el senyor Climent buscà instintivament, amb la mirada, la gata. Per uns segons, va témer que no s'organitzés un sarau semblant al de dies abans. Però es va asserenar de seguida en veure que, aquesta vegada, el francès arribava sense el seu enorme i antipàtic buldog.

Com cada tarda, després de saludar educadament, la francesa va demanar permís per passar a veure el gatet negre de les sabatilles blanques. Mentre estava a la rebotiga, el seu marit restà impassible davant del taulell, esperant-la, sense badar boca. En Pere el mirava com si vingués d'una altra galàxia. El francès duia uns pantalons que, segons hauria dit la seva mare si l'hagués vist, eren per passar el riu; se li veia tot el mitjó i part de la cama. Els pantalons eren de ratlles, i la camisa, de quadres. Duia al cap un barret amb una ploma. A en Pere li van agafar ganes de riure, però es va aguantar per no molestar-lo.

«Sembla que s'hagi escapat d'una pel·lícula», pensava.

El francès, ignorant dels pensaments del nen, naturalment, tenia la mirada fixa al sostre. Semblava una estàtua. A més, continuava sense badar boca.

A la senyora Montserrat, després de tot el que havia passat, la feia posar nerviosa tenir-lo allà davant com un estaquirot; vaja, que li era una mica violent. Així doncs, va pensar que li podia dir alguna coseta per tal de trencar el gel:

–S'han acabat les vacances, oi?

El francès se la mirà de dalt a baix, com si ella hagués preguntat qui sap què. Per tota resposta, inclinà el cap com un robot i digué secament:

–*Oui*.

La senyora Montserrat esperava que l'altre es desfés en explicacions i, per això, es quedà molt tallada. No sabia si tenia al davant un tímid o un maleducat. Així doncs, féu un nou intent amb un altre tema i no se li va ocórrer altra cosa que preguntar-li:

–I què fa el seu *petit chien?* Està bé?

I tot seguit rebé un cop de peu per sota

el taulell. Al senyor Climent no li havia semblat una pregunta gaire oportuna. Però el francès no va moure ni un múscul de la cara; inalterable i indiferent, tornà a abaixar el cap amb la mateixa precisió mecànica d'abans:

–*Oui*.

Com a últim recurs, perquè ja estava perdent la paciència que la caracteritzava, la senyora Montserrat li abocà aquella típica frase que es diu per dir:

–Fa bon temps, oi?

Nou cop de peu per sota el taulell. Justament aquella tarda havia plogut a bots i barrals, i al senyor Climent li va semblar que aquella pregunta tenia un cert to burleta, poc freqüent en la seva dona. Però el francès no tenia gaires ganes de discutir sobre qüestions climàtiques, perquè semblava que hi estava d'acord.

–*Oui* –respongué amb la mateixa brevetat i precisió d'abans.

En Pere es tapà la boca amb les mans i es girà. No podia aguantar el riure. En la seva vida no havia vist un personatge tan curiós i pintoresc.

La senyora Montserrat pensà que, amb aquell home, no hi havia qui hi parlés i, com que començaven a entrar clients, abandonà tot altre intent de conversa amb ell. «Encara acabaré fent el ridícul jo», pensava mig ofesa, «sembla que s'hagi empassat un pal». No acabava d'entendre que fossin tan diferents marit i muller. Ella tan cordial, tan xerraire, tan amable... I ell? Ell, gairebé maleducat, tan seriós, tan reservat, tan antipàtic... En fi, que la senyora Montserrat no es va voler posar pedres al fetge i començà a despatxar els clients que, en aquells moments, omplien pràcticament l'establiment.

Pocs minuts més tard, la francesa sortí de la rebotiga i demanà si el seu marit podia passar a veure els gatets. La senyora Montserrat –bastant sorpresa, per cert– respongué que sí i, sense abandonar el seu lloc, el taulell, assenyalà al francès el camí cap a l'estança:

–*Peggr aquí?* –preguntà ell insegur.

A la senyora Montserrat, quasi sense voler, li sortí un...

–*Oui!*

...exactament igual que els que havia deixat anar el francès uns minuts abans. Al senyor Climent, això li féu molta gràcia i es posà a riure. En Pere, que havia seguit aquella conversa com si fos una partida de ping-pong, també va riure.

Mentrestant, la francesa havia tret, de dins la gran bossa que portava, un petit cistellet de vímet que a la senyora Montserrat li era vagament familiar.

–És clar! –digué en Pere en veu alta–. El cistell!

I va endevinar que era el mateix cistell que el gos havia arrambat el dia de la persecució.

–Mirri, madame –explicà la francesa–, *en aquest cistellet ens emporrrtarrem el gatet petit. Me l'ha rrregalat el meu marrit. És bonic, n'est-ce pas? La verritat és que ha estat una sorrrprresa molt grrran. No sé quan ni on el va comprrarr. Quin detall, oi? És que el meu marrit pensa en tot.*

«Ui, ui! Si sabés...», pensà el senyor Climent, que, com en Pere, també havia identificat el cistell.

–Mirri, madame, fixi-s'hi bé. És un cistellet prreciós. Prrecisament arra, quan pujava pel carrrerr, fins i tot l'amo de la cistellerria se'l mirrava. Segurr que ell no en té cap d'igual a la botiga. Vagi a saberr on el deu haverr comprrat el meu marrit!

–Sí, sí –respongué distreta la senyora Montserrat, mentre tornava el canvi a una clienta– ...quatre-centes, cinc-centes i... i això, que fan mil. Passi-ho bé, senyora Pepeta. I vostè?

El client, un senyor d'uns cinquanta anys, deixà una garrafa damunt del taulell, i anava per demanar vi de bóta quan, de sobte, se sentí un crit llunyà, ofegat, que ningú no va saber ni de qui era ni d'on venia. Es quedaren tots com paralitzats, immòbils, intentant esbrinar d'on provenia aquell esgarip d'ultratomba.

Un nou crit, aquesta vegada fàcilment localitzable, al qual seguiren unes quantes paraules gruixudes (naturalment, en francès) i un seguit de marrameus també de fàcil identificació, va alertar tot el personal.

–Ffffffff! Ffffff! –bufà el gat.

–Valga'm Déu! –digué el client de la garrafa.

–La gata! –exclamà el senyor Climent.

–El francès! cridà la senyora Montserrat.

–El meu gat! –s'espantà en Pere.

–El meu marriiit! –xisclà la francesa.

I tots cinc, més esverats que encuriosits, anaren corrents cap a la porta de la rebotiga, tot topant entre ells i no deixant-se passar els uns als altres. Llavors, quan encara maldaven per veure qui dels cinc entrava primer, aparegué el francès a l'altre cantó de la porta. Estava furiós, descompost, caminan de quatre grapes, amb el barret a l'inrevés, la cara plena d'esgarrapades i deixant anar una de renecs i malediccions que no vulgueu saber.

Era evident que la gata encara tenia un record molt viu i recent de l'olor del bulldog que dies enrera l'havia provocat tan descaradament. I també era evident que el francès i el seu *petit chien* eren gairebé inseparables.

Per això, quan la gata va ensumar el francès al costat dels seus petits, se li despertà el seu instint més salvatge i se li tirà al damunt, qui sap si amb la intenció de cavalcar novament pels carrers de Puigcerdà arrapada al clatell del francès.

Quan es va aixecar de terra i es va haver ben desfogat, la primera cosa que el francès digué en veure la seva dona fou que ja es podia pintar a l'oli el gat, que ell no el pensava portar en cotxe fins a casa seva i, encara menys, instal·lar-lo allí; que què s'havia pensat?, que fins aquí podia arribar!, que etc.

I tots dos, ell amb la cara feta un cromo i ella avergonyida per l'espectacle que acabaven de fer, marxaren de la botiga de vins i licors discutint entre ells.

En Pere, com tots els altres clients, es quedà amb la boca oberta. «Quin senyor tan estrany», pensà.

–Ara sí que és definitiu –digué la senyora Montserrat al senyor Climent–. Aquests dos segur que no tornen.

Però s'equivocava de mig a mig.

6 *La sardina i la mixeta*

L'ENDEMÀ, fou un dia de molta feina per al senyor Climent i la senyora Montserrat.

–Mai no se'ns ha omplert tant, la tenda. Fins i tot, cua al carrer! Sembla que s'hagin posat d'acord per venir tots a comprar el mateix dia i a la mateixa hora –havia comentat ella al migdia, quan ja tancaven.

–I si només fos a comprar, rai! –havia afegit ell–. Mig Puigcerdà està venint per saber què és el que va passar ahir. Això sí, almenys tots compren alguna coseta.

–Per cert –se'n recordà ella–. Fixa't, Climent, com corren les notícies. ¿Saps què m'han preguntat els de can Palau quan hi he anat a comprar el diari? Que si tu encara eres a l'hospital. I fins i tot, en Ramon i l'Anna (els de la Casona d'Aja, saps?) m'han demanat el número d'habitació per anar a visitar-te.

–A l'hospital? Jo a l'hospital? –s'estranyà ell–. I què hi havia de fer, jo, a l'hospital?

–Es veu que algú –aclarí ella– els va dir que, ahir, hi va haver una baralla aquí, i que havien vist sortir ferits de la botiga en direcció a l'hospital.

–Quina manera d'exagerar les coses! Sembla mentida. És clar... Ara ho entenc! Tothom em preguntava, aquest matí, si em trobava bé. Fins i tot, el de ca l'espardenyer m'ha dit que no se'm notava res a la cara. Què carai se m'havia de notar!

La senyora Montserrat digué divertida:

–Les esgarrapades de la gata, naturalment!

–Uf! –bufà ell, cansat de traslladar ampolles de les caixes als prestatges–. Hi ha gent que no té altra feina que anar escampant les coses de la manera que els sembla...

I, a mesura que anava parlant, el senyor Climent s'anava enfilant tot sol.

–...i la bola va creixent: uns ho diuen als altres, els altres a uns altres i, té, tots hi posen i en treuen allò que volen; i, al final, resulta que jo sóc a l'hospital perquè, ahir, la botiga es va convertir en un camp de batalla. Té gràcia la cosa, oi?

Però la senyora Montserrat va veure

clar que al seu marit no li havia fet gaire gràcia, perquè el senyor Climent continuà amb ironia:

–I si resulta que jo ara sóc a l'hospital, què se'n deu haver fet, del francès? Deu estar mort a hores d'ara! Déu meu, quina mala imatge que donem al públic. L'altre dia, lladres a cal cisteller (almenys, això diuen, vés a saber), i ara escampen que ahir vaig protagonitzar una baralla a la meva pròpia botiga.

–Home, Climent –digué ella–. Ara ets tu el que exageres. No t'ho prenguis així. Ja se sap. En un lloc petit i on ens coneixem tots, és normal que passin aquestes coses. En el fons és que la gent s'interessa per nosaltres, ja veus...

–Sí, sí, ja veig; però... –el senyor Climent s'asserenà una mica–, ¿saps si ha corregut gaire, aquesta falsa notícia?

–Doncs mira, i ara que ho dius, crec que, del carrer, ho sap tothom menys el cisteller. Està tan amoïnat pels lladres, que diu que ja no muntarà cap més parada a fora. Ah, a més va anar a la policia a denunciar el lladre.

–A denunciar-lo? I ja sap qui va ser? –preguntà el senyor Climent, que ja estava més tranquil.

–No –respongué ella–. Però diu que el reconeixeria entre mil. Que tenia una cara inconfusible, que tenia cara de buldog!

–Somia truitres, aquest –digué ell–. Tant d'enrenou per un cistell insignificant.

I així continuaren parlant una estona, mentre ell endreçava quatre coses a la botiga i ella acabava de preparar el dinar. Al migdia, no anaven mai a dinar a casa perquè no tenien temps. Per això, havien instal·lat un menjador-cuina a la rebotiga, que era molt àmplia, i allí dinaven i passaven l'estona fins que havien de tornar a obrir.

Mentre dinaven, a la senyora Montserrat se li acudí de pensar en els pares d'en Pere.

–M'estranya tant que li deixin tenir un gat a casa... Ja saps com són. No poden veure els animals ni en pintura.

–Que ja li has donat el gatet?

–No encara. Quan creixi una mica més, com el de la francesa. Això, si els pares no es tiren enrera. No entenc com li han dit que sí.

–Dona –comentà el senyor Climent–, deu ser que el noi ha insistit molt. Avui, precisament, m'ha preguntat si els gats podien dormir a l'aire lliure.

Després de dinar, el senyor Climent ja no se sentia gens ni mica preocupat per tot el que havia dit al matí. Ara sí que ho veia com una exageració. Si alguna persona li preguntava aquella tarda alguna cosa referent a baralles, a gossos, a gats o a lladres, li trauria importància al tema.

–Amb aquestes coses –li havia dit a la seva dona–, com menys importància, millor.

Cap allà a quarts de vuit, a la mateixa hora de cada tarda, la senyora Montserrat va pensar que tenia al·lucinacions quan va veure entrar a la botiga la francesa, somrient, com si res no hagués passat. Després de saludar-la educadament, com sempre, va obrir la seva gran bossa i va treure el cistellet de vímet. A dintre hi havia un menut coixí de plomes, un biberó de criatura ple de llet i una cinteta vermella amb un cascavell penjant.

–*Madame* –digué amb la seva cordialitat habitual–, *vinc a buscarr el gatet. Marrrxem cap a casa arra mateix.*

El senyor Climent, que havia seguit els tractes del gat a distància deixant fer a la seva muller, remugà entre dents:

–És boja, aquesta!

La francesa, que el va sentir, aclarí amablement:

–*Mais non, monsieur. El boig és el meu marrit.*

–I tant! –se li escapà al senyor Climent ben baixet, tot pensant que el francès era l'únic culpable del que havia corregut pel poble–. Quin un, també! Aquell sí que està com una cabra!

–*Veurrà, jo li ho explico tot* –continuà la francesa–. *Jo vinc a buscarr el gatet i me l'enduc fins a casa en trren. I el meu marrrit s'emporrrtarrà el gos en cotxe. Ho veu? Ja està tot arrreglat!*

–Però..., senyora! –no se'n pogué estar el senyor Climent–. Si el seu marit no vol el gat de cap de les maneres! I què en farà quan arribi a casa?

–*Oh, no es prreocupi. Ja li haurrà passat. Si semprre fa el mateix. Perr això dic que és ell el boig. Quan vaig comprrarr el nostrre petit chien, el volia trreurre de casa. Va dirr que o el gos o ell. I va passarr una setmana tot emmurrriat, sense volerr sorrrtirr de l'habitació. I mirri arra: són inseparrables. Amb el canarri em va ferr igual, i amb el llorro, i amb els peixos, i amb la torrrtuga, i amb el mico... Perrò, al final, s'hi acostuma, sap?*

La senyora Montserrat no podia creure el que sentia.

–Que viu en una granja?

–*Ai no, madame. Ecs, quin fàstic!* –respongué la francesa amb cara i posat de repugnància.

I, a continuació, afegí, orgullosament:

–*Nosaltrres, madame, vivim a Nantes.*

Tenim un grran pis al carrerr més cèntrric de la ciutat.

–Quina fauna! I en un pis...! –tornà a remugar ben baixet el senyor Climent, mentre embolicava una ampolla de vi.

–Com diu? –li preguntà el client de l'ampolla, pensant que anava per ell.

I el senyor Climent, en adonar-se que parlava sol, rectificà en veu alta:

–Que quina fama, aquests vins, oi?

I va insinuar un somriure de circumstàncies tan ben fet que el client marxà, tot content, pensant que havia adquirit un dels millors vins de la botiga.

–Climent –va dir la senyora Montserrat–, dóna qualsevol cosa de menjar a la gata, que mentre estigui distreta agafaré el gatet d'aquesta senyora.

El senyor Climent, que ja havia perdut tota capacitat de reacció, obeí mecànicament la seva dona.

–Si tu vols... Mixeta. Mixeeetaaa!

Però la mixeta com si res. Tenia altres preocupacions més importants. Estava ajaguda, llepant pacientment els seus fillets. Així doncs, la francesa hagué d'esperar que acabés la sessió de neteja que la gata s'havia pres tan seriosament: tots els gatets, un per un. I quan va acabar la ronda, devia pensar que no havien quedat prou nets perquè va tornar a començar altra vegada. I quan va haver acabat la ronda sanitària, va començar la de l'alimentació. I quan la gata va haver acabat de donar mamar als seus fills, ja eren les nou del vespre. La tenda de vins i licors feia una hora que estava tancada. La francesa estava desesperada; la senyora Montserrat amb unes ganes de marxar cap a casa que no s'hi veia. La gata, a la fi, va decidir fer cas al senyor Climent. El pobre ja feia una hora que duia una sardina fresca penjada de la punta dels dits:

–Mixeta, mixeeetaaa!

–Ara, Climent, ara!

I el senyor Climent, que ja n'estava ben tip, de passejar la sardina amunt i avall de la botiga esperant l'ocasió adequada, la llançà amb força a la bóta preferida de la gata, amb tan mala sort que hi va anar a parar al darrera.

–Se m'ha escapat la sardina!

I tots tres, fins i tot la gata, van intentar agafar-la, però no hi va haver manera. La sardina havia quedat molt ben col·locadeta entre la bóta i la paret.

–Doncs... Donem-n'hi una altra! –solucionà la senyora Montserrat, que ja es veia passant la nit a la botiga.

–Però, Montserrat, que ens quedarem sense sopar, dona... –digué el senyor Climent quasi amb pena.

–És igual! Agafa'n una altra de la nevera, però acabem d'una vegada!

I així fou com, aquell dia, la gata tingué doble sopar –una de les sardines i el seu menjar de sempre–, i com la francesa marxà de la botiga de vins i licors amb un preciós cistellet de vímet i, a dintre, un menut gatet de color negre amb una cinta vermella al coll, de la qual penjava un picarolet.

En marxar, el senyor Climent i la senyora Montserrat es van mirar i van respirar profundament:

–N'hi ha per llogar-hi cadires! –digué ella.

–El que n'hi ha –rectificà ell– és de ben bojos!

–Vols dir que demà no tornaran a venir els francesos? –preguntà ella inquieta.

–I caaa! –respongué ell amb seguretat–. Aquesta vegada, grácies a Déu, segur que no.

I, aquesta vegada, no es van equivocar.

7 *El senyor Climent i la mixeta*

A POC A POC, tot va anar tornant a la normalitat. Tret de dues o tres persones, ja ningú més no va entrar a la botiga de vins i licors per preguntar o comentar alguna cosa referent a batalles, lluites, gossos o gats.

Això sí, en Pere hi passava cada tarda a preguntar una cosa diferent: que si els gats en tenien prou amb les sobres del menjar de les persones, que si es constipaven, que si es podien treure a passeig, que si s'havien de rentar... I és que, tal com sospitaven el senyor Climent i la senyora Montserrat, als pares d'en Pere no els havia fet gens de gràcia tenir un gat a casa. Però com que ho havien promès al seu fill, perquè no els atabalés més, ara no tenien altre remei que acceptar-lo a casa i no podien pas tirar-se enrera.

El dia que en Pere va anar a recollir el seu gatet, estava d'allò més emocionat. Hauria volgut emportar-se'l amb un cistellet, tal com li havien dit que havia fet la francesa, però els seus pares van pensar que ja n'hi havia prou amb una capsa de sabates. I ell va condicionar la capsa de la millor manera que va saber: hi va posar trossos de roba vella que la seva mare havia llençat a les escombraries i en va pintar les parets, per dintre i per fora, amb tot de fulles i flors de colors. «Almenys, ja que ha de dormir a l'aire lliure, que tingui un lloc alegre i calent per dormir», va pensar. També li hauria agradat de tenir un picarol per penjar-lo al coll del gat, però els pares van dir que, a sobre d'haver de suportar l'animal, no estaven disposats a aguantar el clinc-clinc del cascavell tot el dia. Així doncs, es va haver de conformar amb una cinteta que ell mateix va fer, tallant un tros d'aquella roba vella.

Quan va marxar de la botiga, amb la capseta a les mans com si fos un tresor, el senyor Climent va comentar a la seva dona:

–Quina diferència! La francesa, tota pomposa, semblava que portés qui sap què en aquell cistell. I l'escàndol que va organitzar! I, en canvi, aquest pobre noi...

–Sí, pobret –afegí ella–. Amb una sim-

VINS I LICORS

ple capseta, ben aviat ho ha tingut tot enllestit. Ara que, coneixent els seus pares, és fàcil endevinar que en Pere les passarà magres amb el gat. Són molt estrictes, saps? No el deixaran ni miolar!

–Hi ha gent que es complica molt la vida. No n'hi ha per tant! Un gat no dóna gens de feina. Un gos sí que en dóna, veus? Però un gat...

Així doncs, llevat del moment en què en Pere va anar a recollir el seu gatet, l'únic record que el senyor Climent i la senyora Montserrat tenien del tema de gossos, gats i baralles, els va durar dos dies. I fou precisament una desagradable flaire de sardina que emanava d'entre els prestatges i que no hi havia forma d'eliminar.

–Avui, sigui com sigui –havia comentat la senyora Montserrat al seu marit–, l'hem de treure d'aquí. Fa una pudor...!

I així fou com, aquell vespre, es van dedicar a la «caça i captura», com deia ell, de la sardina. I, veritablement, allò va tenir totes les característiques d'una captura, perquè no va ser fàcil treure-la d'allà.

Van provar de separar la bóta de la paret, però no hi va haver manera: era molt alta i pesava massa. Van intentar treure la sardina amb una escombra. Tampoc. El pal era massa rígid i no hi arribava. A la fi, al senyor Climent se li va acudir d'agafar

un filferro gruixut. Va doblegar-lo i va aconseguir entaforar-lo per darrera. I, cargolant-se entre la bóta i els prestatges contigus, va estar furgant amb el filferro una bona estona. Llavors, quan més concentrat estava en la feina i més allargassat tenia el braç, va sentir un...

–Mèèèèèèèu!

...que li sonà d'allò més burleta. Era la mixeta, que se'l mirava des de dalt la bóta. Observava tots els seus moviments.

–Què hi fas, aquí? –remugà el senyor Climent, que se sentia desagradablement controlat–. Segur que esperes que tregui la sardina per menjar-te-la, oi? Quina barra! Te l'havies d'haver menjat fa dos dies i no ara...!

La resposta de la gata fou clara:

–Marrrrameeeeu!

–Ni «marrameu» ni nassos! –s'empipà el senyor Climent–. Quina impertinència!

S'aixecà de terra i, d'un cop d'escombra, la féu fugir d'allà, just en el moment que entrava la senyora Montserrat.

–Marxa d'aquí, que em poses nerviós!

–Però, Climent, si només venia a ajudar-te –digué, sorpresa, pensant que anava per ella.

–No, no, si li deia a aquesta bèstia. És que només fa que mirar-me fixament i, què vols que et digui!, no em deixa treballar en pau. Sembla que m'estigui vigilant; em posa nerviós. Ben mirat se l'hauria pogut endur també la francesa! Total, ja no li ve d'una bèstia. Amb aquell zoològic que diu que té... A més, es podria barallar de gust amb aquell monstre de *petit chien*.

–No diguis això, Climent. Pobra gata. Si només vol una mica de menjar...

–Doncs haver-lo agafat quan era l'hora!

I es tornà a estirar a terra per continuar treballant amb el filferro. I, mentrestant, anava pensant: «I jo he dit que els gats no donen feina?» A la fi, després de vint minuts de furgar per allà darrera, va aconseguir treure les restes de la sardina amb el filferro. La mixeta, que estava esperant aquell moment des de feia estona, hi saltà al damunt i s'encarregà de liquidar el que en quedava.

El senyor Climent sortí de sota la bóta i es posà dret. Tot amarat de suor, mirà com la gata es llepava els bigotis i desapareixia en direcció a la rebotiga, on tenia els seus petits.

–I tot per culpa del francès! –cridà com si s'hagués contingut durant molta estona.

–Climent –l'asserenà ella–, oblida el francès, per favor. Sembla que sigui el culpable de tot el que no et surt tal com voldries. Oblida'l. No en tornaràs a saber mai més res.

El senyor Climent va pensar que potser era veritat el que li deia la seva dona i que, ben mirat, n'estava fent un gra massa.

–Tens raó.

Però no la tenia.

8 *El buldog i el fill de la mixeta!*

QUAN ja era ben entrat el mes de desembre, el senyor Climent i la senyora Montserrat reberen un sobre de color vermell.

–Ves, quines felicitacions de Nadal que fan ara! –comentà, desaprovant, la senyora Montserrat al seu marit.

Després d'obrir el sobre, en va extreure una targeta vermella al mateix temps que queia a terra una fotografia. S'ajupí per agafar-la i, en anar a fer-ho, es quedà arran del paviment contemplant-la.

–Climent! –cridà sorpresa–. No pot ser, no pot ser! Guaita aquesta fotografia. Saps qui són?

I el senyor Climent s'ajupí al seu costat, es posà les ulleres i mirà atentament la fotografia, que encara era a terra...

–Àngela Maria! No! Una altra vegada!

...i quedà tan o més bocabadat que la seva dona. I tant que sabia qui eren! Almenys, en coneixia tres. Anà resseguint la fotografia amb l'índex. Al centre, hi havia un arbre de Nadal. Al costat, a la dreta, el matrimoni francès; ella tota somrient, i ell, com sempre, amb el seu posat d'estaquirot. Al voltant de l'arbre, distribuïts estratègicament, es podien veure una peixera, tres pollets, una tortuga de terra, un canari i un lloro. Enfilat en una de les branques de l'avet, com si fos una de més de les boles daurades que guarnien l'arbre, un mico amb un llacet daurat a la cua. Davant de tot i en primer terme..., el famosíssim buldog!

–Oh, mira, Climent –digué la senyora Montserrat, que l'acabava de descobrir–, el *petit chien!*

–*Petit chien?* L'enorme monstre, deus voler dir. Era més antipàtic que l'amo. Mira, Montserrat, encara li ha crescut més, el cap.

–Que no, Climent, que no. Fixa-t'hi bé. Això no és el cap del gos. És...

–El gaaat! –exclamaren tots dos al mateix temps.

Efectivament. Allà, ben arrapadet al clatell del buldog, hi havia un enorme gat negre que no semblava que molestés gaire el gos.

–Diantre, com ha crescut! Encara es deuen haver fet amics! Què diu la targeta? –se'n recordà el senyor Climent.

I la senyora Montserrat la va llegir en veu alta. El matrimoni francès els felicitava, en ocasió de les fetes de Nadal, «juntament amb tota la nostra gran família»...

–Gran família! –interrompé mig burleta el senyor Climent–. Ja deia jo que el francès i el buldog s'assemblaven. Tots dos tenen la mateixa cara de mal geni!

–Ai, Climent, com ets! Calla i deixa'm continuar.

La targeta acabava amb la constatació que el gat i el *petit chien* s'havien fet tan amics, i amb un agraïment sincer per totes les atencions que havien rebut a la Cerdanya.

–Ai, quan en Pere ho sàpiga! –va dir ella–. La quantitat de vegades que ens ha preguntat si en sabíem alguna cosa, dels francesos. Li he de dir. Li farà una gràcia...

En Pere encara va trigar una setmana a aparèixer per la botiga. I, quan ho va fer, semblava que havia perdut una mica de timidesa, perquè es mostrava més comunicatiu. La senyora Montserrat, tota satisfeta, li va ensenyar la carta.

–Què et sembla, noi?

A ell no li semblava ni bé ni malament. En realitat, estava desconcertat, perquè trobava molt estrany allò que tants animals pul·lulessin per aquella casa amb la més total i absoluta normalitat.

–Que si a casa els veiessin –respongué finalment–, se'ls posarien els cabells de punta. Prou feina he tingut perquè no em fessin fora el gat de casa. Però, la veritat, això de la fotografia... Trobo que és una mica exagerat.

I després d'aquella carta en seguiren d'altres que, puntualment, cada dos o tres mesos, el matrimoni francès tenia el detall d'enviar com a prova de la bona entesa existent entre el gos i el gat, a més de la resta de la fauna. En totes elles hi havia una fotografía de tots els membres d'aquella estranya i gran família en diferents llocs i situacions. Al balcó, al voltant de les plantes; al terra de la cuina, al costat d'una gran perola d'estofat que compartien solidàriament; a la sala, davant de la llar de foc; al sofà, veient un partit de futbol per la televisió...

I també puntualment, quan en Pere es deixava caure per la botiga de vins i licors, llegia aquelles cartes i mirava aquelles fotografies que la senyora Montserrat li ensenyava. I en Pere sempre deia el mateix:

–En fan un gra massa!

Al principi, quan el senyor Climent i la senyora Montserrat rebien alguna d'aque-

lles fotografies, també els semblava una exageració, una cosa antinatural. Especialment al senyor Climent, que encara la hi tenia votada, al francès.

Acostumats com estaven a rebre periòdicament carta dels francesos, quan ja passaven dos mesos sense tenir-ne notícies, es preguntaven entre ells:

–I la família de Nantes? Encara no se'n sap res?

I quan arribava el sobre vermell, quasi tenien la mateixa alegria que quan rebien notícies de la família llunyana que vivia a l'altra banda de l'Atlàntic. I així que en Pere entrava a la botiga, els faltava temps per ensenyar-li el contingut del sobre. I al nen, que se li havia despertat una immensa curiositat per aquella estranya família, també li agradava de tenir-ne notícies. Es diria que, fet i fet, aquella espècie de zoològic casolà havia arribat a adquirir, per al senyor Climent i la senyora Montserrat, una condició quasi humana. Sabien el nom de cadascun d'ells i en coneixien els gustos i les trapelleries com qui coneix les gràcies d'un nét o d'un nebot.

9 *Quina bestiesa!*

DURANT TRES ANYS continuà aquella correspondència «familiar». I durant tres anys, en Pere seguí a distància els petits esdeveniments que es produïen. I és que el cas d'aquella família li feia molta gràcia. Comparant-la amb la seva, que no podia veure els animals ni en pintura, els francesos eren el pol oposat. Es pot dir que el gat que tenia en Pere havia sobreviscut amb penes i treballs durant aquells tres anys. Ell l'alimentava, ell li canviava les serradures de la capsa, ell el feia jugar... I el gat havia après ràpidament a distingir les persones que vivien en aquella casa: així que sentia la veu del pare o de la mare d'en Pere, fugia esperitat cap a la terrassa o a amagar-se sota d'algun moble. Més d'una vegada havia rebut algun crit i algun cop. I, més d'una vegada, també, a en Pere li havien dit els seus pares:

–Ja l'has tingut una bona temporada, per què no el regales a algú? No ens agrada viure amb un gat a casa.

I en Pere deia que no. Que li havien promès el gat i que el gat li feia companyia i, com que no tenia germans, l'ajudava a distreure's. Els seus pares tampoc no s'hi podien posar gaire forts perquè, veritablement, en Pere s'havia responsabilitzat del gat des del primer dia que el va tenir. Però a ell li hauria agradat més que els seus pares li haguessin agafat una mica d'afecte, que l'haguessin deixat voltar per casa amb tota naturalitat. Per això, quan anava a la botiga de vins i licors i s'assabentava de com els francesos tenien els animals a casa i de com els tractaven, li feia una mica de ràbia.

–Uns tant i els altres tan poc... –havia comentat alguna vegada al senyor Climent i a la senyora Montserrat.

I és que continuava trobant una exageració allò que els francesos tractessin els animals com si fossin persones. Com si fossin els seus fills. Encara que li hauria agradat que a casa seva fossin una mica més comprensius en aquest aspecte.

–El senyor Climent i la senyora Montserrat –havia explicat als seus pares algun dia que havia sortit el tema– sí que ho fan bé: tenen un gat, el cuiden, no el maltrac-

ten, però no perden el cap per ell. Això seria una animalada!

–Doncs aquests dos –contestava el pare tot convençut– acabaran igual que els francesos que dius tu. Els animals ho porten, això. Te'n compres un perquè un dia et fa gràcia i després... Després ja no saps com treure-te'l de sobre. Tot són problemes i t'acabes convertint en esclau de la bèstia. Que no, Pere, que no ens convenceràs.

Aquell dia, en Pere va decidir que hi havia tres classes de persones: les que no podien suportar els animals, ni a dintre ni a fora de casa; les que els tractaven com si fossin de la família; i, finalment, les que ell creia que eren les millors, les que es trobaven en el punt intermedi, com el senyor Climent i la senyora Montserrat. Encara que, segons el seu pare, els d'aquest tercer grup podien acabar igual de bojos que els del segon.

I durant tot aquest temps, en Pere no va insistir més perquè ja va veure que era completament inútil. Els pares eren com les persones del primer grup: no podien veure els animals i no hi havia res a fer.

Un dia, el senyor Climent i la senyora Montserrat reberen carta de Nantes. Però aquesta vegada, en lloc de ser vermell, el sobre era blanc amb un ribet de color negre. No hi adjuntaven tampoc cap targeta ni cap fotografia. Un plec de dos o tres fulls les substituïen.

–Què diuen? Què diuen? –preguntà interessada la senyora Montserrat.

El senyor Climent es va treure les ulleres, mirà a la seva dona i, amb una certa tristesa, li digué:

–S'ha mort.

–Déu del cel! El francès s'ha mort!

–No, no. El francès no. El gos! El gos és el que ha mort.

–Ah! –respirà ella més tranquil·la–. El *petit chien!* I com ha estat? De què ha mort?

–No ho entenc. Aquí diu que d'imprudència.

–D'imprudència? I no diu res més?

–A veure, a veure... Em sembla que mès avall ho explica.

–Llegeix, llegeix –digué ella més encuriosida que trista.

El senyor Climent es tornà a posar les ulleres i anà resseguint amb l'índex:

–D'això... mmm... eee... Sí, és clar. Eee... No, no, ja es veia... Sí... mmm... A veure, a veure... No. Mmmm... eee... té...

–En veu alta, home, en veu alta –s'impacientà la senyora Montserrat.

–Ah, sí, sí. Perdona –digué ell sense aixecar la vista del paper.

S'ajustà les ulleres i continuà llegint, ara de forma més clara:

«...i així fou, bons amics de la Cerdanya, com, quan ja crèiem tota la família a dormir, el meu marit i jo vam asseure'ns a taula. Durant tot el sopar vam estar comentant com s'havien fet d'amics el gat de vostès i el nostre petit chien. Fins i tot, el meu marit va dir, referint-se al gos: «Sembla mentida, si el buldog sabés que el seu millor amic és fill del seu pitjor enemic...», és a dir, de la gata negra que el va atacar. I precisament aquest comentari innocent fou la gran imprudència que resultà fatal per al nostre petit chien, perquè ell no estava dormint, com nosaltres ens pensàvem. Era sota la taula i amb les orelles ben parades! L'endemà, el veterinari certificava que havia mort d'un atac de cor, però el meu marit i jo sabem que, si no ens hagués sentit, no li hauria passat res..».

El senyor Climent va parar de llegir, va mirar a la seva dona i tots dos es van posar a riure.

–Creus que podem acabar tan bojos com ells? –digué ella.

–Quina bestiesa! Pots estar ben segura que no –respongué ell–. Vaig a tancar la gata al garatge, no fos cas que s'acostumés a dormir damunt del sofà.

Vet aquí un gos, vet aquí un gat, i aquesta història ja ha acabat.

SI T'HA AGRADAT AQUEST LLIBRE, POTS LLEGIR D'AQUESTA MATEIXA COL·LECCIÓ...

37 ***El país de les cabres***
Joaquim Carbó
En Marc i la Meritxell viuen amb els pares i l'àvia i tenen moltes ganes de tenir una bestiola. Un dia, en una tómbola, els toca una cabreta negra amb una estrella blanca al front. L'arribada de la cabreta omple d'alegria els nens i de terror els grans.

54 ***Històries ximples***
Andrew Matthews
Els qui visitaven per primera vegada Vilacols en treien la impressió que era un lloc tranquil i agradable. Però no podien estar més equivocats. El poble era prou tranquil, això és veritat, però algunes de les persones que hi vivien estaven com un llum.

84 ***El misteri del repartidor de pizzes***
Jürgen Banscherus
En Tomàs, el repartidor de pizzes, està de pega. Cada dia li roben els patins! Per això demana ajuda a en Pau Perdiguer. Però en Pau, que té un nas molt fi, de seguida ensuma que les coses no són com semblen.

137 ***No, no i no!***
Amélie Couture
L'Anna ha decidit fer vaga de viure i no sortir mai més de l'habitació. No vol fer res i, sobretot, no vol acceptar que la seva àvia (amb qui ella vivia en un poble petit) hagi mort i que ella ara hagi de tornar a la ciutat i estar-se amb el seu pare i la nova companya d'ell.